Dados Internacionais de Catalogação na Publicação (CIP) de acordo com ISBD

C578d Ciranda Cultural
       Dinossauros do Cretáceo / Ciranda Cultural ; traduzido por Celina Bodenmüller ; ilustrado por Néstor Taylor, Iván Jacob. – Barueri, SP : Ciranda Cultural, 2018.
       64 p. : il. ; 23 x 31 cm. – (Dinopédia)

       Tradução de: Dinopedia – Dinosaurios del Cretácico
       ISBN: 978-85-380-8690-1

       1. Literatura juvenil. 2. Dinossauros. 3. Pré-história. 4. Curiosidades. I. Bodenmüller, Celina. II. Taylor, Néstor. III. Jacob, Iván. IV. Título. V. Série.

2018-681   CDD 028.5
                                                      CDU 82-93

Elaborado por Vagner Rodolfo da Silva - CRB-8/9410

Índice para catálogo sistemático:
1. Literatura juvenil 028.5
2. Literatura juvenil 82-93

© Latinbooks International S.A.
Texto original e supervisão: equipe editorial Latinbooks
Pesquisa e texto original: Marina Caporale
Ilustrações: Néstor Taylor, Arquivo editorial, Iván Jacob

© 2018 desta edição:
Ciranda Cultural Editora e Distribuidora Ltda.
Tradução e revisão técnica: Celina Bodenmüller
Revisão: Ibraíma Dafonte Tavares e equipe Ciranda Cultural

1ª Edição
www.cirandacultural.com.br
Todos os direitos reservados. Nenhuma parte desta publicação pode ser reproduzida, arquivada em sistema de busca ou transmitida por qualquer meio, seja ele eletrônico, fotocópia, gravação ou outros, sem prévia autorização do detentor dos direitos, e não pode circular encadernada ou encapada de maneira distinta daquela em que foi publicada, ou sem que as mesmas condições sejam impostas aos compradores subsequentes.

EM BUSCA DO DINOSSAURO PERDIDO

Os restos fósseis

Os dinossauros habitaram a Terra há milhões de anos, muito antes de os seres humanos existirem. Por isso, é impossível encontrá-los exatamente como eram naquele tempo. Mas, então, como podemos conhecê-los? Graças às pistas que deixaram: esqueletos, pegadas, ovos e fezes fossilizados. Muitos desses fósseis foram preservados ao longo do tempo até os dias atuais e são encontrados nos sítios paleontológicos. É possível encontrar também icnofósseis, que são impressões deixadas no solo pelas patas ou pela cauda do animal. Estudá-los permite saber como eram e o que faziam esses seres tão fascinantes quanto assustadores.

Peças frágeis

Não é nada fácil encontrar restos fósseis. Por serem muito antigos, transformaram-se em peças frágeis, que devem ser manipuladas com muito cuidado. Quando um fóssil é descoberto, ganha um tratamento especial, que inclui extração do seu lugar de origem, limpeza e reconstrução, e precisa ser mantido em boas condições. Para não danificar os originais, os especialistas fazem réplicas, copiando todas as características originais.

O que é fossilização?

A fossilização acontece quando uma parte de um ser vivo que morre, geralmente material duro, como um osso, conchas ou um tronco de árvore, é coberta imediatamente por sedimentos como lama ou cinza vulcânica. Hermeticamente fechada, ficará protegida do desgaste provocado pelo vento e pela água, e sua forma permanecerá intacta. Ao longo dos anos ocorrerão fenômenos físicos por meio dos quais os restos da planta ou do animal serão transformados em rocha.

Trabalhando com o passado

Os pesquisadores que estudam os dinossauros são os paleontólogos. Comparado com outras profissões, seu trabalho é similar ao dos veterinários, porém, seus pacientes morreram há pelo menos 66 milhões de anos! Eles querem descobrir por que morreram e como eram quando vivos. Essa tarefa não é nada fácil. Eles não veem os dinos, não os tocam e nem os ouvem. Tudo o que podem fazer é analisar os fósseis para tirar suas conclusões.

Ferramentas de trabalho do paleontólogo

1. Martelo geológico e cinzel
2. Caixas e bolsas para guardar os materiais pequenos
3. Corda e pincéis
4. Escova
5. Mapa geológico
6. Bússola
7. Trena
8. Caderneta de campo
9. Câmera fotográfica
10. Lupa

Qual é a idade deste osso?

A idade dos fósseis é medida pela idade das rochas onde foram encontrados. Os cientistas usam elementos radioativos para saber quando as rochas se formaram e estimar o momento em que os fósseis ficaram presos nelas.

Tudo é anotado

Os paleontólogos registram em uma caderneta tudo o que veem, fazem e pensam.

COMO E QUANDO OS DINOS VIVERAM?

Como foi a Era Mesozoica

Faz 251 milhões de anos que a Era Mesozoica começou. Surpreendentemente, nessa época, o clima global parecia um eterno verão chuvoso, e as áreas cobertas de gelo ainda não existiam, como nos polos atuais. Foi nessa era que aconteceram fatos únicos e inigualáveis: os continentes atuais se formaram, as flores surgiram, os mamíferos e as aves evoluíram, os insetos se multiplicaram e os dinossauros apareceram. Porém, enquanto outras espécies continuaram evoluindo, os grandes dinossauros desapareceram no final dessa mesma era.

Um dino é um dino
Os grandes dinossauros foram animais que habitaram a Terra durante 165 milhões de anos. Eram répteis terrestres que punham ovos para se reproduzir. Alguns eram gigantescos e outros muito pequeninos. Havia aqueles que se alimentavam de plantas e aqueles que preferiam a carne saborosa dos vizinhos. Sua pele podia ser rugosa e coberta de escamas, como a dos lagartos, com partes do corpo cobertas com plumas.

Seu aspecto externo pode ter sido como o de um rinoceronte, de uma iguana ou de um pavão.

Dinovantagens

Ao contrário de outros répteis, as patas dos dinos estavam localizadas na parte de baixo do corpo, e não nas laterais, como nos crocodilos, nos lagartos e nas tartarugas. Isso permitia que caminhassem com mais destreza, pois não arrastavam a barriga, facilitando o acesso à comida e o domínio sobre outros animais. Além disso, eram criaturas muito rápidas, especialmente aqueles que andavam apenas sobre as patas traseiras.

A Era Mesozoica

A Era Mesozoica se divide em três períodos: Triássico, Jurássico e Cretáceo. No começo dessa era, os continentes estavam unidos em um grande bloco chamado Pangeia.

Todos os dinossauros carnívoros foram terópodes. Eles são os antepassados das aves.

A palavra "dinossauro" é de origem grega. Deinos significa terrível e sauro quer dizer "lagarto".

A vida em números

A existência dos dinossauros foi muito breve se comparada ao tempo de existência da Terra. Eles surgiram há 231 milhões de anos e os grandes dinossauros se extinguiram há 66 milhões de anos. Esse período de 165 milhões de anos representa menos de 4% da idade da Terra, que é de 4,5 bilhões de anos. Embora não pareça muito, é quase uma eternidade quando comparado ao tempo de existência dos seres humanos. Nós surgimos há apenas 7 milhões de anos, 59 milhões de anos após a extinção dos dinos!

Classificação possível para os dinos

As espécies animais se dividem em grupos que compartilham características entre si. Como os dinos já estão extintos, é muito difícil fazer uma classificação definitiva e aceita por todos os estudiosos. Por isso, aqui nos baseamos em uma das classificações mais aceitas para agrupar esses seres intrigantes.

SAURÍSQUIOS

Terópodes: carnívoros bípedes com o cérebro muito desenvolvido.

Sauropodomorfos: herbívoros quadrúpedes de cabeça pequena, com pescoço e cauda longos.

ORNITÍSQUIOS

Ornitópodes: herbívoros bípedes ou quadrúpedes com bico no focinho e dentes na mandíbula.

Tireóforos: herbívoros quadrúpedes encouraçados com cabeça pequena e corpo grande.

Marginocéfalos: herbívoros quadrúpedes encouraçados com proteções ósseas na cabeça.

Divisão dos dinos em dois grupos, de acordo com o tipo de cintura:

O púbis dos ornitísquios apontava para baixo e para trás, como nas aves.

O púbis dos saurísquios apontava para baixo e para a frente.

UM PERÍODO SUPERPOPULOSO!

O Período Cretáceo

O Cretáceo foi o maior período da Era Mesozoica. Durou nada mais nada menos que 80 milhões de anos! Terminou com a extinção dos grandes dinossauros, há 66 milhões de anos. Os continentes eram muito diferentes de como são hoje, e, embora continuassem se movendo, foi no final dessa era que atingiram formato e localização mais parecidos com os atuais.

Superpopulação pré-histórica

Nesse período viveram sobre os continentes os maiores animais de todos os tempos. Havia muita diversidade: mamíferos, aves, peixes, insetos, répteis (terrestres, aquáticos e voadores) e dinossauros. O Cretáceo terminou com a extinção em massa de grande parte desses animais. Os dinossauros que não sabiam voar desapareceram com os répteis aquáticos e voadores. Os peixes, as aves, os mamíferos e os insetos sobreviveram e tornaram-se os reis dos tempos seguintes... Mas essa é uma outra história, para um outro livro.

Calorzinho tropical

No Período Cretáceo, o clima em todo o mundo era úmido e quente, e praticamente não existia diferença de temperatura entre os polos e o equador. Para os dinos, era como estar na praia o ano todo, mas com mais perigo por perto...

Água, água e mais água!

Os mares ocupavam um espaço muito maior do que agora. Na verdade, grande parte das cidades que habitamos atualmente estão em áreas que eram cobertas pela água do mar. Na metade do Período Cretáceo, a América do Norte era separada em duas regiões por um mar raso, que ligava o oceano Ártico com o Atlântico, e a Europa era mais um conjunto de ilhas do que um grande continente seco. As bordas atuais da África e da América do Sul, onde hoje estão praias e cidades costeiras, também se tornaram áreas emersas. Antes, porém, eram áreas continentais recobertas pelas águas oceânicas.

E as plantas também

Antes do Cretáceo, as plantas com flores não existiam. As samambaias e cicas, que hoje crescem nas zonas tropicais, eram comuns. Também existiam bosques de ginkgos e coníferas.

Os principais acontecimentos do Período Cretáceo:

Surgimento das primeiras plantas com flores.

ANGIOESPERMAS

Os dinossauros carnívoros se tornaram maiores.

GIGANOTOSSAURO

Os dinos herbívoros alcançaram tamanhos descomunais.

SEISMOSSAURO

Os répteis aquáticos e os répteis voadores atingiram seu maior tamanho.

Os continentes continuaram se movendo até quase alcançar a disposição atual.

Houve muita atividade vulcânica.

VULCÃO EM ERUPÇÃO

Ao final do período surgiram algumas cadeias de montanhas.

CORDILHEIRA DOS ANDES

O Cretáceo terminou com uma extinção em massa.

TEORIA DO ASTEROIDE.

VIZINHOS NO AR, NA ÁGUA E NA TERRA

Os seres vivos do Cretáceo

Explore uma paisagem com a grande quantidade de animais que viveram com os dinossauros. Para conseguirmos mostrar a diversidade, eles estão todos misturados, sem considerar o lugar e a época específicos em que viveram. Entretanto, é impossível saber com certeza qual era a aparência deles. Essas imagens são resultado da imaginação do ilustrador.

FAMOSO E PERIGOSO!

Tiranossauro

DINO FICHA

Classificação: saurísquio, terópode, celurossauro.

Espécie: *Tirannosaurus rex.*

Período: Cretáceo Superior, entre 70 e 66 milhões de anos atrás.

Dieta: dinos carnívoros e herbívoros, como o Tricerátopo.

Onde habitava: Mongólia (Ásia), Alberta e Saskatchewan (Canadá) e Montana, Texas e Wyoming (Estados Unidos).

Perigoso como poucos

O Tiranossauro é conhecido como um dos animais mais agressivos que já existiu. E essa reputação é bem merecida. Basta observar seus fósseis para ter ideia da sua aparência e dos seus hábitos. Ele tinha uma cabeça enorme sustentada por um pescoço largo, curto e musculoso. O corpo maciço era apoiado em duas poderosas patas traseiras. A cauda era grande e ágil, ideal para equilibrar o peso da cabeça e facilitar o seu deslocamento. Até as patas dianteiras curtas, que dão a impressão de serem quase inúteis, tinham uma função importante: segurar a presa enquanto a despedaçava aos poucos.

Ataque traidor

Quando tinha fome, aguardava a presa escondido na vegetação e se lançava sobre ela desferindo uma mordida mortífera, da qual era impossível escapar. Como sobreviver ao ataque de uma mandíbula com 60 dentes com mais de 20 centímetros de comprimento cada? Nem os poderosos herbívoros encouraçados estavam protegidos. Só teriam alguma chance aqueles que detectassem a emboscada e tivessem tempo de escapar a toda a velocidade, porque, embora de grande tamanho, o Tiranossauro não era o melhor dos corredores.

Além de muito grande, este dino também era um dos carnívoros mais altos.

Carniceiro ou caçador?

Como era pesado demais para correr muito rápido e não conseguia perseguir suas presas, de vez em quando tinha que se satisfazer com o que encontrava..., mesmo que estivesse podre!

Quem você chamou de galinha?

Este dino não é apenas conhecido por sua ferocidade. O interior dos seus ossos também é responsável por sua fama. Em 2003, durante uma coleta de fósseis, um fêmur se quebrou por acidente e revelou algo inesperado em seu interior para os cientistas: tecidos moles que sobreviveram milhões de anos e que ainda conservavam proteínas. A comparação dessas proteínas com as dos seres vivos atuais demonstrou que o animal mais aparentado com os dinossauros é a galinha!

Na hora da fome...

Em vários ossos de Tiranossauro há marcas de mordidas de outros dinos de sua própria espécie. Isso indica que eles lutavam ferozmente enquanto competiam por alimento, pelo território ou por uma fêmea. Mas também há indícios de uma atividade surpreendente: o canibalismo. Acredita-se na possibilidade de que os Tiranossauros predavam uns aos outros. Até mesmo as fêmeas podem ter predado seus próprios filhotes depois de crescidos, muito tempo após terem deixado o ninho.

DINOMEDIDAS

Comprimento: até 13 metros.
Peso: entre 5 e 7 toneladas.

A mordida de sua mandíbula tinha a força de 4 toneladas!

Um nome justo

Seu nome completo, Tiranossauro rex, significa "rei dos lagartos tiranos". Apesar de terem sido encontrados predadores maiores, ele continua sendo um dos maiores que já existiu. Só o seu crânio chegava a medir 1,5 metro.

O TIO ALBERTO

Albertossauro

Famoso desde 1884

Este dino tem esse nome tão simpático não porque foi descoberto por um homem chamado Alberto, mas porque é o nome do lugar onde foi achado pela primeira vez: o estado de Alberta, no Canadá. O geólogo que o descobriu foi Joseph Burr Tyrrell, que em 1884 encontrou um enorme crânio fossilizado perto do rio Red Deer. Joseph retirou vários outros ossos da rocha e transportou seu tesouro de pedra para o lugar onde seria estudado. A fama do Albertossauro começou já durante o transporte: os ossos pesavam tanto que partiram o eixo da carreta onde viajavam!

DINOFICHA

Classificação: saurísquio, terópode, celurossaurídeo.

Espécies: *Albertosaurus libratus*, *A. megagracilis*, *A. sarcophagus* e *A. periculosus*.

Período: Cretáceo Superior, entre 100 e 66 milhões de anos atrás.

Dieta: dinos herbívoros, como o Hadrossauro.

Onde habitava: Alberta (Canadá) e Montana, Wyoming e Novo México (Estados Unidos).

Dupla porção de costelas

Se os dinos e os humanos tivessem vivido no mesmo tempo, o Albertossauro seria um dos nossos preferidos para um churrasco, porque, além de músculos suculentos, tinha duas fileiras de costelas, em vez de apenas uma. As costelas extras estavam localizadas no abdômen e serviam para impedir que os órgãos fossem esmagados contra o chão quando esse dinossauro se deitava para descansar.

Braços pequenos, mas úteis

Como outros de sua família, este dino descansava deitado sobre o abdômen. Para se levantar, tomava impulso usando os bracinhos como apoio para não cair de focinho no chão por causa do peso de sua cabeça.

Patas como colunas

Havia três dedos em cada pata traseira, e elas eram como colunas que sustentavam o enorme peso do seu corpo. As patas dianteiras só tinham dois dedos e eram tão curtas que não alcançavam sequer o seu queixo.

Que formas!

O Albertossauro viveu milhões de anos antes do Tiranossauro e foi seu antecessor em matéria de dinos fortes e ferozes. Mesmo sendo menor e mais leve, também tinha o corpo e a cabeça muito grandes. As patas traseiras eram bem desenvolvidas e muito fortes, ao contrário das patas dianteiras, que eram pequenas e quase inúteis. A cauda larga e forte o ajudava a manter o equilíbrio.

Melhor do que força

Uma das características particulares desse dino carnívoro, que ninguém duvida ter sido um feroz caçador, é que caçava em grupo, ou seja, vários indivíduos atacavam a presa ao mesmo tempo, como fazem as hienas quando estão famintas. Como caçar era difícil, o bando se aproveitava da sua aparência ameaçadora para intimidar outros predadores e obrigá-los a abandonar a presa. Também é possível que o Albertossauro tivesse outro comportamento típico das hienas: alimentar-se de carniça. Que falta de modos na hora da refeição!

DINOMEDIDAS

Comprimento: até 9 metros.
Peso: entre 2 e 4 toneladas.

Dentes mortais
Sua potente mordida poderia despedaçar instantaneamente o pescoço da presa.

Em Alberta, Canadá, existem muitos sítios com restos fósseis de 35 espécies de dinossauros.

O TERROR DA ÁFRICA
Afrovenator

DINOFICHA
Classificação: saurísquio, terópode, carnossaurídeo.

Espécie: *A. abakensis*.

Período: Cretáceo Inferior, há 130 milhões de anos.

Dieta: grandes herbívoros, como o Jobaria.

Onde habitava: Deserto do Saara, Níger (África).

A África era uma festa!

O Afrovenator habitava, no começo do Período Cretáceo, a região onde atualmente está o Níger. Naquele tempo, o norte da África não era um deserto árido, mas, sim, uma fértil planície coberta por uma floresta, na qual os dinos carnívoros prosperavam graças à abundância de dinossauros herbívoros e de mamíferos, que se beneficiavam com a vegetação variada. Como você pode imaginar, o Afrovenator não se interessava pelo cardápio vegetariano, mas usava as plantas como esconderijo na hora do ataque. Ele preferia a carne dos gigantes comedores de plantas, que, em apenas uma pequena porção, oferecia muito mais sabor e energia do que vários quilos de folhas.

Alimento por atacado

Mesmo que o Afrovenator tenha sido bastante leve e de estatura não muito grande, uma das suas presas preferidas era o Jobaria, um dinossauro herbívoro enorme de 18 metros de comprimento. As poucas mudanças evolutivas do Jobaria ao longo do tempo sugerem que o Afrovenator foi o único predador que ousou abatê-lo. Para caçar, acredita-se que o terópode escolhia um indivíduo fraco e pequeno e que o perseguia até cansá-lo.

Seu nome é derivado do latim e significa "caçador africano".

Tamanho é importante

Foram descobertos fósseis do Jobaria com marcas de mordidas do Afrovenator. Mas nenhum dos ossos pertencia a um indivíduo adulto, o que levou à conclusão de que o carnívoro só conseguia caçar o Jobaria enquanto ele ainda fosse pequeno.

Uma figura com estilo

Alguns dinossauros carnívoros não foram muito agraciados no que diz respeito à beleza. Mas esse caçador em particular tinha uma silhueta até que bem equilibrada. Apesar de ter uma musculatura forte, ele era leve e conseguia se movimentar com velocidade. Embora não se destacasse pelo tamanho, o comprimento da cabeça até a ponta da cauda era bastante considerável: tinha largura equivalente a uma quadra de tênis! Alcançava 2,5 metros de altura, a mesma do urso-polar.

Uma descoberta muito importante

Sua descoberta foi muito importante para os cientistas, porque aumentou um mistério paleontológico: os dinos africanos eram mais parecidos com os dinos norte-americanos do que com os sul-americanos, apesar de os continentes do hemisfério sul ainda estarem unidos em uma massa continental chamada de Gondwana.

DINOMEDIDAS
Comprimento: até 8 metros.
Peso: cerca de 1 tonelada.

Nem de cá, nem de lá

Enquanto seu descobridor, o paleontólogo Paul Sereno, classificou-o como um espinossaurídeo, novos estudos discutem essa classificação. Um dos mais recentes, realizado em 2003, coloca o Afrovenator dentro da família dos megalossaurídeos.

Que beleza de mão...
As garras tinham forma de gancho. Os dentes mediam 5 centímetros de comprimento e pareciam facas!

Por suas longas patas traseiras, supõe-se que tenha sido um predador ágil e rápido.

O MAIOR DO MUNDO?

Giganotossauro

DINOFICHA

Classificação: saurísquio, terópode, carnossaurídeo.

Espécie: *Giganotosaurus carolinii*.

Período: Cretáceo Médio, há 95 milhões de anos.

Dieta: herbívoros gigantes, como o Argentinossauro.

Onde habitava: Sul da Argentina (América do Sul).

Gigantes contra gigantes

Nos bosques da América do Sul viveu uma das criaturas carnívoras mais colossais da Terra: o Giganotossauro. Ele era um dino terópode ainda maior que o Tiranossauro e passeava pelas margens de lagos à procura de sua presa favorita: o enorme Argentinossauro, que era muito maior em tamanho e peso que o Giganotossauro! Esse herbívoro tranquilo foi, com o Puertassauro, o maior dinossauro que já existiu. Mas nem mesmo seus 40 metros de comprimento e suas 100 toneladas de peso amedrontavam o Giganotossauro.

Relatório Médico

Pesquisadores levaram os fósseis do Giganotossauro ao Canadá para um exame de alta complexidade. A tomografia computadorizada revelou que ele tinha olfato mais apurado do que o Tiranossauro, mas sua visão era pior. Também ficou comprovado que seu cérebro era bem pequeno quando comparado aos de outros dinos de dimensões parecidas, e que tinha a forma e o tamanho de uma banana!

Campeão derrotado?

Novos estudos sobre outro carnívoro, o Espinossauro, podem tirar do Giganotossauro o título de maior carnívoro do mundo.

Dinopoder

Estudos realizados sobre seu crânio mostraram que ele poderia ter um grande bulbo olfativo, o que indica que tinha o sentido do olfato muito poderoso. Como enxergava mal, o olfato era muito útil para caçar à noite. Os caçadores noturnos se aproveitam disso, pois assim conseguem "ver" suas presas na escuridão.

Recorde

Foi o maior dinossauro carnívoro do mundo. Sua cabeça tinha quase 2 metros de comprimento e seus dentes eram serrilhados como facas. Caminhava com a cabeça, o corpo e a cauda paralelos ao chão. Como outros de seu grupo, tinha as patas dianteiras curtas, mas muito bem armadas com garras afiadas. As patas traseiras eram grandes e musculosas, mas acredita-se que eram tão pesadas que o impediam de correr.

DINOMEDIDAS

Comprimento: até 14 metros.
Peso: entre 6 e 8 toneladas.

Foi descoberto na província argentina de Neuquén, em 1993.

Terra de gigantes

O nome diz tudo. "Giganotossauro" significa "réptil gigante do sul". O segundo nome, *carolinii*, não vem do nome Carolina, e sim do fato de ele ter sido descoberto por um homem fascinado por paleontologia cujo sobrenome é Carolini.

Uma paisagem muito diferente

Quando esse dino viveu, a Cordilheira dos Andes ainda não existia. Nessa região havia bosques e pradarias cortados por rios e lagos. As elevações mais importantes eram montanhas baixas e vulcões em constante erupção.

CAMPEÃO PESO-PENA

Deinonico

DINO FICHA

Classificação: saurísquio, terópode, deinonicossaurídeo.

Espécie: *Deinonychus antirrhopus*.

Período: Cretáceo Médio, entre 120 e 95 milhões de anos atrás.

Dieta: animais maiores do que ele, como o dino herbívoro Tenontossauro.

Onde habitava: Estados Unidos (América do Norte).

Armado até os dentes

O Deinonico tinha uma cabeça grande unida a um pescoço flexível em forma de "S". Seu tamanho não era grande coisa, mas sua qualidade era estar, literalmente, armado até os dentes. Suas patas tinham uma verdadeira coleção de ganchos de fazer inveja a qualquer pirata: 14 unhas curvadas e afiadas, sendo que duas, localizadas nos pés, mediam 13 centímetros. Os dentes não ficavam para trás. Assim que agarrava e matava sua presa com as garras, nada melhor do que uma porção de facas pontudas para atravessar a pele e arrancar a carne.

Acredita-se que se organizavam hierarquicamente, como os lobos e as hienas.

Era muito feroz?

Tinha tudo para ser. Possuía excelente visão, caçava em bando, contava com uma imbatível garra retrátil no pé, estava sempre atento e conseguia correr em altíssima velocidade.

Camuflagem de passarinho

Geralmente é representado coberto de penas, com as patas dianteiras simulando asas curtas coladas ao corpo. Poderiam ser como asas ou braços de répteis comuns e atuais. Quando estavam dobradas, essas patas escondiam um segredo: três garras longas em forma de gancho. Uma surpresinha que ficava bem oculta até o momento de atacar a presa, que, segundos antes de ser agarrada por um bando de deinonicos, via-os apenas como pequenos pássaros inofensivos.

Seu nome

Este dinossauro tinha quatro dedos em cada pé. Mas usava somente dois para caminhar, o terceiro e o quarto; o primeiro era atrofiado (era pequenino e não servia para quase nada) e o segundo tinha outra função. Seu nome significa "garra terrível", e ele foi batizado assim em referência ao segundo dedo. Era uma garra curva com uma ponta muito fina que servia para rasgar e estripar.

DINOMEDIDAS

Comprimento: até 3,5 metros.
Peso: entre 50 e 70 quilos.

Uma grande contribuição

Seu estudo deu origem à ideia de que os dinossauros são animais de sangue quente. Essa conclusão se deve às suas características muito peculiares: adaptabilidade, vida social e, especialmente, sua inteligência.

Jantar com amigos

Seu prato predileto era o Tenontossauro, um dinossauro herbívoro que tinha o dobro do seu tamanho e era aparentado ao Iguanodonte. Para caçá-lo, ele se unia a vários companheiros e, então, eles se lançavam em grupo sobre o desprotegido quadrúpede.

UM DINOSSAURO PESCADOR

Barionix

DINOFICHA

Classificação: saurísquio, terópode, carnossaurídeo.

Espécie: *Baryonyx walkeri*.

Período: Cretáceo Médio, há 120 milhões de anos.

Dieta: peixes enormes.

Onde habitava: Inglaterra e Espanha (Europa).

Onde houvesse água...

Há 120 milhões de anos, a Europa era bem diferente, mas já possuía muitas praias, lagos, rios e pântanos. Com tanta água, os peixes estavam à vontade... mas nem tanto. Em terra firme, havia um dinossauro chamado Barionix, que usava suas garras enormes para pescar. Claro que, depois de pegar os peixes, ele não os devolvia para a água, como faz um pescador esportista. As escamas e os espinhos fossilizados encontrados na barriga desse dino são provas claras do que ele comia.

A pata que faltava

A província espanhola de La Rioja é um excelente lugar para encontrar fósseis. Ali foi encontrada uma pata traseira desse dinossauro que ajudou a completar a imagem que se tinha dele. A pata tinha vários ossos, como o fêmur, a tíbia, a fíbula, os dedos e uma de suas garras. Os cientistas garantem que, quando o dono da pata estava vivo, media 3 metros de altura e 10 metros de comprimento.

O nome Barionix significa "unha poderosa". Os peixes que ele caçava com essa unha eram muito grandes. Um deles, o Lepidotes, poderia alcançar até 2 metros de comprimento. Acredita-se que também se alimentava de tartarugas e crustáceos.

Trabalho artesanal

Ele utilizava a própria unha como anzol. Parado à margem da água ou talvez com metade do corpo dentro dela, mergulhava a pata rapidamente e usava a grande garra curva do dedo polegar para fisgar os peixes. Outra possibilidade seria se abaixar na borda sobre as quatro patas, já que suas patas dianteiras não eram curtas como as de outros terópodes. Nessa posição, a melhor maneira de pescar seria com uma mordida e com boa pontaria.

Seu prato favorito

Sabe-se que seu prato favorito eram os peixes porque foram encontrados escamas e espinhos semidigeridos na cavidade abdominal (barriga) de um fóssil descoberto na Inglaterra. Os dentes, pequenos e afiados, eram perfeitos para segurar presas escorregadias.

DINOMEDIDAS

Comprimento: até 10 metros.
Peso: 2 toneladas.

A "patinha da sorte" media 2,5 metros. A altura de uma trave de futebol!

O pioneiro da pesca

Hoje em dia, o urso marrom usa uma técnica de pesca parecida com a do Barionix, mas, sem dúvida, nosso dino foi o pioneiro!

CULPADO OU INOCENTE?

Ovirraptor

DINO*FICHA*

Classificação: saurísquio, terópode, ovirraptossaurídeo.

Espécie: *Oviraptor philoceratops* e *O. mongoliensis*.

Período: Cretáceo Superior, há 80 milhões de anos.

Dieta: era onívoro, o que quer dizer que comia de tudo, inclusive ovos.

Onde habitava: Mongólia (Ásia).

Tudo veio de um ovo

Desde seu nome até as histórias que contam sobre ele, esse dino esteve sempre diretamente relacionado aos ovos. Fossem de outros ou os próprios, para comer ou para chocar, os ovos são parte da sua vida, e devemos partir deles para falar desse pequeno réptil emplumado. "Ovirraptor" significa "ladrão de ovos". Ele recebeu esse nome porque tinha um bico curvo sem dentes e dois ossículos no palato, aparato ideal para abrir cascas. Além disso, seu fóssil foi encontrado com o crânio destroçado perto de um ninho repleto de ovos quebrados, que pareciam do dinossauro herbívoro Protocerátopo.

No último momento!

No começo, tudo indicava que o Ovirraptor era um ladrão ágil e oportunista, que se aproveitava da ausência de outros dinos para furtar ovos. Mas a história mudou quando, setenta anos depois de ter sido encontrado, foi descoberto que as crias que estavam dentro dos ovos não eram embriões de Protocerátopo, mas de Ovirraptor! Portanto, quando o dino foi morto, não estava comendo ovos dos outros, e sim protegendo os seus próprios ovos.

Acredita-se que o casuar, uma ave atual que não pode voar, tenha um hábito de vida que lembra o do Ovirraptor.

Quase uma ave

Algumas características dos ossos, como as costelas, são muito parecidas com as das aves.

Pais exemplares

Pouco tempo depois foi encontrado outro fóssil de Ovirraptor, que apontou mais indícios sobre o caráter maternal desses dinos. Tratava-se de um adulto que, de cócoras sobre um ninho, protegia os ovos com os braços. Os ovos eram da sua própria espécie. Com isso, os pesquisadores se inclinam a acreditar que seu comportamento era parecido com o de algumas aves que protegem os ovos do frio e de outros animais.

Quanta elegância!

Alguns tinham uma grande crista na cabeça, enquanto outros tinham uma saliência óssea sobre as narinas. Para completar o visual chamativo, acredita-se que tivessem penas nas costas, nas patas dianteiras e na cauda.

Pouco a pouco

Não há dúvida de que o Ovirraptor cuidava de seus ovos. Mas isso não quer dizer que não gostasse de comer ovos alheios. Acredita-se que fosse onívoro, isto é, que comesse de tudo: carne, insetos, plantas, frutos do mar e, claro, ovos! Estes últimos são uma poderosa fonte de proteínas, e, para esse dino pequeno, ágil e rápido, roubá-los era fácil. As patas dianteiras compridas eram ideais para segurá-los enquanto quebrava a casca com o bico e os dentes. Outros pesquisadores sugerem que o bico do Ovirraptor também pudesse ser muito útil para abrir e comer ostras, cujos fósseis são encontrados no mesmo sítio dos seus restos mortais.

DINOMEDIDAS

Comprimento: até 2 metros.
Peso: 40 quilos.

Uma verdadeira ameaça

O Ovirraptor era um perigo para os outros dinos porque, ao alimentar-se de ovos, a quantidade de nascimentos diminuía, o que comprometia a possibilidade de preservação das outras espécies.

VELOZ E FURIOSO!

Velocirraptor

DINOFICHA

Classificação: saurísquio, terópode, dromeossaurídeo.

Espécie: *Velociraptor mongoliensis*.

Período: Cretáceo Superior, entre 75 e 70 milhões de anos atrás.

Dieta: preferia mamíferos e dinos herbívoros menores do que ele.

Onde habitava: Mongólia, China e Rússia (Ásia).

Pequeno valente

Apesar de ser muito pequeno, o Velocirraptor era um caçador ousado como poucos, que semeava o terror entre os outros moradores das florestas asiáticas. Era bípede, com patas traseiras longas, que permitiam que corresse muito rápido. A cabeça era plana e alongada, e o focinho era direcionado para cima. Quando perseguia suas presas, podia ganhar grande velocidade, e o pouco peso dava a ele a agilidade necessária para se esquivar de plantas, saltar obstáculos e atacar sua vítima. Comia pequenos mamíferos e dinossauros herbívoros não muito maiores do que ele.

Navalha portátil

Suas patas traseiras possuíam uma arma valiosa. Apesar de cada uma ter quatro dedos, apenas o terceiro e o quarto eram usados para caminhar. A primeira garra, pequena e inútil, também está presente em outros terópodes e não tinha nenhuma função. O segundo dedo, por outro lado, tinha algo letal: uma garra curva de sete centímetros, que feria mortalmente os animais que caçava.

Além de esporões nas patas traseiras, tinha três garras em cada mão.

Um ladrão veloz

O Velocirraptor (nome que significa "ladrão veloz") podia correr até 60 quilômetros por hora. Se uma máquina do tempo o trouxesse às cidades do presente, superaria o limite de velocidade permitido para circular na maioria das ruas.

DINOMEDIDAS

Comprimento: até 1,8 metro.
Peso: 15 quilos.

Exagerado

É provável que você tenha visto os filmes de *Jurassic Park*. Neles, o Velocirraptor aparece muito maior do que hoje se acredita que tenha sido, e sem penas. Muito ainda é desconhecido sobre esses animais, e, sem dúvida, na hora da escolha, eles pareciam ser os mais assustadores.

Os especialistas não chegaram a um acordo sobre a aparência externa do Velocirraptor.

Um ladrão com penas?

Esse dino sempre foi representado com a pele escamosa, mas estudos recentes indicam que é possível que fosse coberto de penas. Ele tinha uma grande semelhança física com as aves não voadoras de hoje, como o avestruz ou o quivi. E acredita-se que, assim como as aves, o Velocirraptor também tivesse o sangue quente. Ainda não foram encontradas penas de Velocirraptor, mas já foram localizadas penas de outros dinossauros carnívoros da mesma família.

O "DINO KRUEGER"!

Megaraptor

DINOFICHA

Classificação: saurísquio, terópode, carnossaurídeo.

Espécie: *Megaraptor namunhuaiquii.*

Período: Cretáceo Superior, há 90 milhões de anos.

Dieta: grandes herbívoros, como o Futalognkossauro.

Onde habitava: Patagônia argentina (América do Sul).

O último caçador

O Megaraptor viveu no final do Período Cretáceo e morreu na extinção em massa. Mas isso não quer dizer que tenha vivido pouco tempo. Pelo contrário, significa que, durante 25 milhões de anos, esse dino foi um dos últimos grandes carnívoros caçadores na Terra. Seu *habitat* eram as florestas do sul da Argentina, onde competia com o Giganotossauro pela captura de suas presas. Tinha movimentos rápidos e era ágil para conduzir seu corpo. Diferentemente de outros carnívoros, seus braços eram desenvolvidos, tanto que terminavam em "mãozinhas" de 30 centímetros de comprimento!

Pequeno para quem?

Dizem que com apenas um golpe o Megaraptor partiria uma pessoa em dois pedaços. Mas, se encontrasse um de nós, ele apenas ficaria atento. Esse dino só gastava as unhas (grandes como o teclado de um computador) se o esforço valesse a pena. Um Futalognkossauro de 70 toneladas certamente valeria o trabalho. Para abatê-lo, o Megaraptor se lançava sobre ele e rasgava sua pele.

Trocando em miúdos

Em cada uma das mãos havia três unhas: duas com 20 centímetros e uma com 30 centímetros. Para comparar, a unha de uma pessoa adulta mede em média 1,5 centímetro, e a de um leão, que parece tão grande, chega a apenas 3 centímetros. Como você pode ver, hoje esse dino seria muito mais temível que Freddy Krueger!

As unhas, sua principal arma, eram curvas e muito pontiagudas.

Um mostruário completo

O Megaraptor e o Giganotossauro viveram na Argentina, na atual província de Neuquén. Há um ponto específico nesse lugar que se transformou em um fascinante sítio paleontológico. Ali foram encontrados todos juntos fósseis de plantas, peixes, tartarugas, crocodilos, répteis voadores, titanossauros herbívoros e terópodes de características fabulosas. Sem dúvida, uma verdadeira festa para os pesquisadores.

Patas surpresas

Em 1996, quando encontraram seus restos pela primeira vez, os paleontólogos coletaram uma unha tão grande que pensaram corresponder a uma pata traseira. Até aquele momento, era comum ver dinos carnívoros com ganchos imensos nos dedos dos pés, como o Velocirraptor, mas nunca nas mãos. Logo foram encontrados mais fósseis que permitiram reconstruí-lo melhor, e agora o Megaraptor é famoso por suas megagarras.

DINOMEDIDAS

Comprimento: até 14 metros.
Peso: entre 6 e 8 toneladas.

Uma pequena confusão

No começo se pensou que as enormes unhas estavam nos pés, e não nas mãos. Seu nome, cuja segunda palavra é indígena mapuche, significa "ladrão gigante com pé de lança".

Miauuu...

Afie!

Acredita-se que ele afiava as unhas nas cascas das árvores, como fazem os gatos.

O FARAÓ DOS DINOS

Espinossauro

DINOFICHA

Classificação: saurísquio, terópode, espinossaurídeo.

Espécie: *Spinosaurus aegyptiacus*.

Período: Cretáceo Médio, há 100 milhões de anos.

Dieta: peixes e dinossauros.

Onde habitava: Egito, Tunísia, Nigéria e Marrocos (África).

Um espanto de beleza!

Esse dino era muito chamativo, com uma crista original em suas costas que lhe dava um indiscutível porte de faraó. A cabeça era enorme e tinha a forma parecida com a cabeça do crocodilo, com um grande focinho pontudo repleto de dentes. Realmente muito belo, mas somente desenhado! Ao vivo, era um verdadeiro monstro descomunal e agressivo, que, segundo estudos recentes, superava muito o tamanho do argentino Giganotossauro e também o do rei da América do Norte, o Tiranossauro. Se os cálculos estiverem certos, chegava a medir 16 metros de comprimento.

Mereceria uma pirâmide

Seu nome significava "réptil espinhoso do Egito" e ele foi descoberto no norte da África em 1912. No começo, seu grande tamanho não era conhecido, pois os estudos sobre ele foram interrompidos durante a segunda guerra mundial: uma bomba destruiu o museu alemão onde seus fósseis estavam guardados. Segundo estudos mais atuais, o crânio era maior do que um homem adulto de estatura média: 1,75 metro. Imaginem o tamanho da múmia desse monarca!

Delícia soberana

Além de sua aparência, a dieta do Espinossauro também era curiosa no que se refere ao cardápio. Entre os fósseis dos seus dentes foi encontrada a vértebra de um peixe-serra, o que sugere que o dino teria paladar refinado. Para ele, a carne branca e rica em ferro dos peixes era um manjar. Além do mais, evitava a competição com outros dinos na hora do almoço.
Seu focinho parecido com o de um crocodilo facilitava a pesca.

DINOMEDIDAS

Comprimento: até 16 metros.
Peso: entre 6 e 8 toneladas.

Dino na água?

Durante muitos anos se acreditou que não existiram dinossauros aquáticos, mas estudos recentes sobre o Espinossauro podem questionar essa ideia.

A crista tinha forma de montanha e chegava a quase 2 metros de altura.

Com ar condicionado?

Sua crista chamativa pode ter servido para regular a temperatura corporal. Era uma pele fina sustentada internamente por espinhos e repleta de veias. Direcionando-a para o sol, o sangue se aquecia, distribuindo calor por todo o corpo. Também pode ter servido para atrair as fêmeas na época da reprodução.

UM DINO COM CHIFRES!

Carnotauro

DINO*FICHA*

Classificação: saurísquio, terópode, ceratossaurídeo.

Espécie: *Carnotaurus sastrei*.

Período: Cretáceo Superior, há 80 milhões de anos.

Dieta: mamíferos e dinos pequenos.

Onde habitava: sul da Argentina (América do Sul).

Um touro de meter medo

Esse "touro" da Pré-História certamente era valente e tinha aparência ameaçadora. Não ficava quieto dentro do estábulo e não era bom companheiro das "vacas" do rebanho. Muito pelo contrário. O cercado do curral seria rapidamente destroçado por seus chifres antes de saltar por cima deles com suas patas ágeis, e as vacas seriam comidas por ele como lanche. Foi batizado como Carnotauro, "touro carnívoro", quando foi estudado pelos paleontólogos, logo depois que um colonizador o descobriu casualmente em suas terras.

Seu focinho e o tipo de mordida são comparáveis com os de um cachorro buldogue.

Está igualzinho!

Até agora se conhece apenas um exemplar desse dino, mas ele está tão completo e bem preservado que a informação que carrega é muito valiosa. Trata-se de um esqueleto que ficou preso em um lodaçal rico em minérios de ferro. Isso favoreceu sua excelente fossilização. Quando foram encontrados, em 1983, os ossos conservavam a posição natural do momento da morte do animal. Graças a isso, seu esqueleto pôde ser reconstruído com precisão.

Muito chifre e pouco braço

O Carnotauro tinha dois chifres na cabeça, logo acima dos olhos. Também possuía fortes músculos no pescoço, que lhe permitiam realizar movimentos rápidos e precisos com a cabeça. Com armas desse tipo, às quais poderia aplicar uma quantidade de força descomunal, as patas dianteiras se tornaram desnecessárias, mais ainda do que para o Tiranossauro e o Albertossauro.

DINOMEDIDAS

Comprimento: até 9 metros.
Peso: 1 tonelada.

Uma pele invejável

Quando seu esqueleto foi encontrado, foram localizadas também impressões da pele gravadas na rocha. O dino estava caído de costas e o lado do corpo encostado no solo ficou estampado na lama, que, ao ficar sólida, preservou o desenho da pele. Isso permitiu saber que sua pele era áspera e rugosa como a de um rinoceronte, com grandes saliências, como verrugas, que sobressaíam aqui e ali.

Uma voz potente

Acredita-se que poderia grunhir e lançar gritos que se ouviam a grande distância.

Chifres perigosos

Os chifres poderiam servir para matar as presas, mas também para as lutas entre machos quando competiam por alguma fêmea. Os ossos do crânio eram maciços e suportavam fortes impactos.

Tudo em família

Este dino teve parentes com chifres como ele, mas menores. O Majungassauro, encontrado na ilha de Madagascar, tinha um único chifre entre os olhos. O *Indosaurus*, da Índia, tinha dois pequenos chifres enfeitando a cabeça.

UM ILHÉU PERIGOSO

Neovenator

DINOFICHA

Classificação: saurísquio, terópode, carnossaurídeo.

Espécie: *Neovenator salerii*

Período: Cretáceo Médio, há 115 milhões de anos.

Dieta: mamíferos e dinossauros herbívoros, como o *Mantellisaurus*.

Onde habitava: Inglaterra (Europa).

Até os dentes
Seus dentes pontudos e curvos eram como facas com um duplo serrilhado.

Terror dos náufragos

As ilhas têm a fama de serem lugares tranquilos, onde se pode viver sossegado e desfrutar a natureza. Mas dificilmente seria assim se um de seus habitantes fosse o maior carnívoro da região, com leveza e velocidade suficientes para caçar animais do seu tamanho e ainda maiores.

Com o Neovenator circulando pela área, há 115 milhões de anos, as ilhas Britânicas não eram exatamente um lugar para descansar. Todos os animais viviam em alerta constante para evitar os ataques desse dino, que não tinha rivais à sua altura, capazes de opor resistência, já que era o elo mais alto da cadeia alimentar.

Parentes distantes
Apesar de distante e isolado e de se encontrar numa região onde era a maior e mais feroz criatura, o Neovenator tinha parentes em outros continentes que teriam se alegrado em receber um convite para passar as férias em seu paraíso tropical. Trata-se do Alossauro e do Acrocantossauro, da América do Norte, e do Giganotossauro, da América do Sul. Os quatro compartilhavam características que os colocam no mesmo grupo.

Quase completo
Encontros sucessivos de fósseis permitiram a reconstrução de 70% do seu esqueleto. Esse material abundante o tornou a mais completa espécie grande de terópode da Europa.

O nome da espécie homenageia a família Salero, proprietária da terra onde os fósseis foram encontrados.

Surpresa nas férias
Em 1978, os primeiros fósseis de Neovenator foram encontrados por turistas. Eles saíram para caminhar logo depois de uma tempestade e informaram que, entre as falésias quebradas pela chuva e pelo vento, apareceram uns pequenos fragmentos de ossos escuros.

Um lugar privilegiado

O Neovenator é um dos dinossauros dos quais mais informações podem ser deduzidas a partir dos ossos. O esqueleto está exposto no museu da ilha de Wight porque foi ali que seus fósseis foram encontrados. O solo dessa ilha, que está localizada no sul da Inglaterra, é especialmente propício para o encontro de restos fossilizados.

Em encostas rochosas de falésias sob constante erosão marinha é comum encontrar fósseis de ossos e de pegadas de dinossauros, assim como de crocodilos, tartarugas, mamíferos e peixes.

DINOMEDIDAS

Comprimento: entre 7 e 10 metros.
Peso: 1,5 tonelada.

No começo, não acreditavam que poderia medir mais do que 7,5 metros, mas, graças ao descobrimento do osso de uma mão, sua medida máxima aumentou para 10 metros.

Calorzinho inglês

No tempo do reinado do Neovenator, a Inglaterra estava localizada na zona central do globo terrestre. O clima era quente e coníferas e cicas cresciam. A ilha de Wight estava unida à Inglaterra, que, por sua vez, estava unida à Europa.

Austroraptor

DINOFICHA

Classificação: saurísquio, terópode, dromessaurídeo.

Espécie: *Austroraptor cabazai*.

Período: Cretáceo Superior, há 70 milhões de anos.

Dieta: carne, mas ainda não se sabe se preferia mamíferos, répteis, peixes ou um pouco de cada.

Onde habitava: Argentina (América do Sul).

Foi coletado na província argentina de Río Negro no ano de 2002.

Uma surpresa para a ciência

Poucos milhares de anos antes da grande extinção, nas florestas quentes e úmidas do sul da Argentina, viviam dinos de todos os tipos, formas e cores. Um deles, carnívoro e veloz como poucos, desde que foi encontrado, vem trazendo uma série de surpresas que chamam a atenção da paleontologia. Em primeiro lugar, é o primeiro raptor encontrado na América do Sul. Em segundo lugar, tem diferenças marcantes dos demais membros do seu grupo, já que é muito maior, seu crânio é mais plano e achatado e, principalmente, tem patas dianteiras curtas, mais parecidas com as dos carnossaurídeos do que com as dos dromeossaurídeos, grupo do qual faz parte. Trata-se do estranho Austroraptor.

Existem também no sul

Antes se acreditava que os dinos raptores, como o Velocirraptor, só viviam no norte. Agora sabemos que também habitaram a parte sul da Terra, já que, nos últimos anos, foram encontrados na região outros dinos assemelhados ao Austroraptor, como o Unenlagia e o Neuquenraptor. Essas descobertas são importantes porque podem fornecer mais informações sobre a evolução das aves, pois sabemos que elas surgiram de um antepassado comum aos raptores.

Seu focinho era bem grande, tinha muitos dentes pequenos e cônicos.

Uma dieta variada

Não se sabe exatamente o que comia, porque a descoberta é recente e há apenas um exemplar, o que dificulta tirar conclusões definitivas. A forma da mandíbula e dos dentes sugere que comia peixes, mas talvez caçasse em grupo dinos herbívoros gigantes.

A importância de ser diferente

Encontrá-lo foi importante porque trouxe informações sobre os unenlaginídeos, um grupo de terópodes do hemisfério sul pouco conhecido até o momento. Ao estudá-lo se concluiu que, dentro daquele grupo, as espécies poderiam ser relativamente diferentes, já que esse dino era muito grande e tinha patas dianteiras curtas, enquanto outros eram pequenos como pássaros e tinham patas dianteiras tão grandes que eles poderiam até ter chegado a voar.

DINO*MEDIDAS*

Comprimento: entre 5 e 6,5 metros.
Peso: 370 quilos.

Seu nome

Até o momento existe um único exemplar, que foi batizado de *Austroraptor cabazai*. "Austroraptor" quer dizer "dinossauro jovem do sul", enquanto "cabazai" homenageia Héctor Cabaza, fundador do museu onde começaram os estudos.

UM DINOSSAURO E QUATRO ASAS

Microraptor

DINOFICHA
Classificação: saurísquio, terópode, dromeossaurídeo.

Espécie: *Microraptor zhaoianus* e *M. gui*.

Período: Cretáceo Inferior, há 120 milhões de anos.

Dieta: insetos e outros animais pequenos.

Onde habitava: China (Ásia).

Dino Batman
Acredita-se que os membros emplumados também serviam para impressionar e amedrontar.

Nascido para voar

Mesmo sendo pequenino como um pavão e leve como um cachorro chihuahua, o Microraptor não tinha nada de inofensivo. Muito pelo contrário, era um terópode voraz, capaz de usar toda a sua astúcia (e suas patas) para obter as refeições melhores e mais difíceis de capturar. A falta de tamanho era compensada pela habilidade que muitos dinos grandes poderiam invejar: a capacidade de planar. Tinha penas curtas sobre todo o corpo, como muitos outros dinos do seu grupo. Mas o que lhe permitia se sustentar no ar eram as penas grandes e desenvolvidas para o voo, que tinha tanto nas extremidades dianteiras como nas traseiras. Também tinha penas na ponta da cauda.

Melhor do que tamanho

O Microraptor era um dos dinos de menor tamanho e de maior semelhança com as aves. Quando era perseguido por seus predadores (dinos carnívoros maiores do que ele), salvava-se subindo nas árvores, graças às suas garras afiadas. Lá do alto poderia pular de galho em galho ou saltar de surpresa sobre uma presa, já que era um caçador oportunista que comia insetos e talvez roedores, cobras e sapos.

Dois mais dois

Os registros fósseis do Microraptor são abundantes. Em alguns deles, há marca das penas nas rochas ao redor dos ossos fossilizados. A impressão que os membros produziram lhe deram o apelido de "dinossauro de quatro asas". Na realidade, não se trata de asas propriamente ditas, mas, sim, de membros adaptados para o voo e para saltos em altura, no melhor estilo paraquedista.

Há evidências de que sua plumagem tinha várias cores, para favorecer a camuflagem.

COMO UM AVIÃO
A cauda, grande e com plumas na ponta, era útil para estabilizar o voo.

DINOMEDIDAS
Comprimento: entre 70 centímetros e 1 metro.
Peso: entre 1 e 3 quilos.

Para cima ou para baixo?
Uma teoria supõe que o Microraptor vivia na copa das árvores, movendo-se nos galhos como um macaco. Outra, que só subia para ficar em segurança ou para atacar suas presas do alto. Em qualquer caso, este é um comportamento bem pouco típico de dinossauros!

Tinha asas nas patas traseiras?
No mínimo tinha penas. Acredita-se que não pudesse esticar as patas traseiras para os lados, como fazia com as dianteiras. Deixava as patas traseiras penduradas e, assim, as grandes penas davam estabilidade para planar.

Dinomenu

Se pudéssemos pedir aos dinossauros carnívoros deste livro para apresentarem seus parentes herbívoros do Período Cretáceo, sem dúvida eles os descreveriam assim: deliciosos pratos de um Dinomenu para todos os gostos!

APERITIVO
Dinos para coquetel

Micropaquicefalossauro
Saboroso petisco da China de apenas 40 centímetros, com a parte traseira da cabeça espessa e rígida. Caminhava sobre duas patas e comia samambaias.

Microcerátopo
Pequenino de 75 centímetros com bico e crista. Viveu na Mongólia. Era muito veloz e difícil de capturar porque se escondia facilmente na vegetação.

APERITIVO
Lanchinhos com palitos de dentes incluídos

Anquilossauro
Quase 4 toneladas de carne coberta de espinhos e placas ósseas. Era um desafio para os caçadores dos pântanos, que deviam evitar os golpes da clava óssea de sua cauda.

Amargassauro
Delícia sul-americana de 9 metros. Precisavam tomar cuidado com os espinhos grossos que cobriam seu corpo desde a cabeça até a cauda e que se bifurcavam em "Y" nas pontas.

Tricerátopo
Carnudo de 7 toneladas. Havia tantos que o Tiranossauro poderia comê-los a qualquer hora. Tinha três chifres, dois deles com 1,5 metro cada.

ENTRADA
Duas patas e um bico

Iguanodonte
Manjar de 10 metros de comprimento que corria a 35 quilômetros por hora e que proporcionava tanta carne quanto um elefante. Não tinha dentição superior, mas possuía mais de 100 moelas.

Tenontossauro
Prato preferido do Deinonico. Media 6,5 metros e pesava 900 quilos. Sua cauda era mais longa que o resto do corpo. Cortava folhas de coníferas com o bico.

Edmontossauro
Saborosa opção para os carnívoros das regiões frias da América do Norte. Media 13 metros e emitia sons. Tinha o bico parecido com o de um pato e mais de mil dentes.

PRATO PRINCIPAL
Saurópodes gigantes (ideais para repartir)

Seismossauro
Enorme porção de 50 toneladas e comprimento estimado em 40 metros. Comia tantos pinheiros que precisava engolir pedras para facilitar a trituração das folhas no estômago.

Paralititan
Suculento dino que chegava a medir 33 metros e pesar 70 toneladas. Excelente opção para os caçadores egípcios que viviam à beira-mar.

Puertassauro
Banquete para muitos: 40 metros de comprimento e 100 toneladas. Uma vértebra media o mesmo que um homem adulto. Reservado para os gigantes valentes da América do Sul.

SOBREMESAS
Sabores exóticos

Protocerátopo
Porção de 2,5 metros com vistosa couraça protetora em volta do pescoço. Pesava 180 quilos e corria rápido. Segundo rumores, o Ovirraptor adorava seus ovos.

Coritossauro
Colorida porção com bico e enfeite na cabeça. Tinha uma crista tubular ligada ao focinho que servia para emitir sons como uma trombeta quando se movia com a manada.

Parassaurolofo
Bombom delicioso com pele repleta de nódulos e casco na cabeça. As bolinhas sobre a pele eram como as do atual monstro-de-gila. Fazia ruídos com a crista.

Diga-me o que comes...
Os dinos herbívoros consumiam grandes quantidades de plantas, frutos, raízes e cascas. Alguns preferiam apenas as folhas, enquanto outros tinham dentes preparados para triturar galhos lenhosos e pinhas. Para ajudar a triturar a comida dentro do estômago, às vezes era necessário engolir algumas pedras (gastrólitos). Mas o melhor desses animais, do ponto de vista dos dinos carnívoros, é que, ao se tornarem alimento, forneciam as proteínas e calorias necessárias para saciar as necessidades alimentares dos terópodes.

O CRETÁCEO NA AMÉRICA

Dinos americanos

Há milhões de anos, a América era muito diferente. Havia muito mais água, vulcões em atividade, calor e plantas. Todo o continente, incluindo os extremos norte e sul, parecia-se com as atuais florestas centro-americanas. Um verdadeiro paraíso para se viver! Neste livro já ficamos amigos de vários dinossauros espetaculares do continente americano. Mas ainda há muitos outros para conhecer... quem se atreve?

"Acrocantossauro" significa "réptil de espinhos grandes". Com a crista, ele regulava o calor do corpo.

Cheiro de carne
Estudos científicos recentes afirmam que o Acrocantossauro tinha grandes bulbos olfativos, o que indica que tinha um bom sentido do olfato. É correr para não ser comido!

ACROCANTOSSAURO
Atração fatal!
Na atual região sul dos Estados Unidos vivia um ser de tamanho descomunal e hábitos perigosos: o feroz Acrocantossauro. Ele percorria os bosques de coníferas em busca de presas e as esperava camuflado entre a vegetação, preparando a emboscada. Com uma chamativa crista de 30 centímetros ao longo das costas, os machos eram uma verdadeira atração para as damas que buscavam um pretendente. Elas preferiam os jovens fortões, que chegavam a medir 13 metros e a pesar 5 toneladas.

Lar, doce lar

A grande maioria dos fósseis de dinossauros vêm do norte e do sul do continente. Será que os dinos não gostavam do centro? Não. Na verdade, eles habitaram toda a extensão do continente americano, mas algumas regiões são mais propícias para encontrar fósseis. É quase impossível para os paleontólogos encontrar algo se as rochas que contêm esqueletos não afloram na superfície ou se aquela região estiver coberta por vegetação. Esse é o motivo pelo qual se descobrem mais fósseis na Argentina, no Canadá e nos Estados Unidos do que nos demais países, pois estes possuem grandes áreas desérticas e áridas onde a vegetação não consegue crescer...

Dino em pedacinhos

Infelizmente, os restos encontrados do Picnonemossauro eram pouquíssimos e fragmentados. Foram descobertos apenas alguns dentes, algumas vértebras, uma pequena parte do púbis e um osso da perna.

Durante o Cretáceo não nevava, nem havia gelo em nenhum lugar da América.

O Picnonemossauro indiscutivelmente era o rei do lugar e ninguém podia com ele.

PICNONEMOSSAURO
O rei da floresta

O Picnonemossauro era um terópode que viveu na região onde atualmente está o Brasil, há 70 milhões de anos. Seu nome quer dizer "lagarto do mato grosso", e, desde que foi descoberto, tempos atrás, no estado do Mato Grosso, seus ossos ficaram guardados sem serem estudados. Anos depois, uma equipe de paleontólogos o redescobriu nas prateleiras de um museu, e teve início o trabalho de identificação. Segundo os dados obtidos, esse dino seria um irmão sem chifres do Carnotauro argentino. Tinha 7 metros de comprimento, 4 metros de altura e estima-se que pesasse 6 toneladas.

Mais dinos americanos

Já que se animaram para conhecer novos dinos americanos, vamos contar sobre outros quatro dinos que viviam nestas terras quentes e perigosas durante o Cretáceo. Era fugir ou morrer!

TROODONTE
Um pequeno prodígio

Este pequenino emplumado é considerado o dino mais inteligente. Esse título, outorgado a quem tem o maior cérebro em comparação com o resto do corpo, coloca o Troodonte em igualdade de condições com o avestruz no que se refere a inteligência, memória e comunicação. Sem querer desmerecer: não é pouco que o mais inteligente dos dinos se iguale somente a um avestruz?

Outra semelhança com as aves

Além de atento, o Troodonte era muito "família". Foram encontrados ovos fossilizados e restos de adultos que pareciam estar cuidando deles. Os estudiosos acreditam que as fêmeas colocavam ovos sobre a relva e chocavam-nos, como fazem algumas aves.

O Troodonte, cujo nome significa "dente que fere", era um caçador noturno inteligente de 2 metros de comprimento e cerca de 50 quilos. Seus restos foram encontrados no México, no Canadá e nos Estados Unidos.

Inteligente como poucos

Na famosa série *Star Trek* (*Jornada nas estrelas*), alguns dos tripulantes da nave *Enterprise* fazem uma viagem ao passado. Lá, encontram vários exemplares de Troodonte, que eram caçadores organizados e falavam um idioma rudimentar. A inteligência dos dinos é medida pelo estudo da relação entre o tamanho do cérebro e o peso do corpo. Foi assim que ficou determinado que o Troodonte foi o mais inteligente. Sua inteligência se compararia com a inteligência média das aves atuais. Inteligentes e faladores!

A descoberta do Abelissauro deu origem a toda uma nova família, os abelissaurídeos, na qual logo foram incluídas outras espécies.

ABELISSAURO
Patas musculosas

Esse dino viveu há 80 milhões de anos onde hoje fica a Argentina e teve parentes distantes em Madagascar, Índia e Europa. O peso de seu enorme corpo era sustentado pelos fortes músculos das patas traseiras. O crânio tinha uma abertura que tornava a cabeça leve em relação ao corpo, o que lhe permitia mover a cabeça facilmente apesar de ter 85 centímetros de tamanho. Recebeu esse nome em homenagem ao seu descobridor, chamado Abel.

LABOCANIA
Outro de braços curtos!

Este parente do Tiranossauro viveu em terras mexicanas no final do Cretáceo. Como seu primo do norte, tinha patas dianteiras curtas e uma boa quantidade de dentes serrilhados e curvos. Também era gorducho, mas menor, pesava "somente" 3 toneladas. Tinha garras curvas e, nas patas, uma pele muito grossa que servia como proteção aos ataques de outros carnívoros, que queriam se aproveitar de sua pequena capacidade de fugir rapidamente.

IRRITATOR
O pescador do sul

Outro dos grandes carnívoros americanos foi o dino com cabeça de crocodilo chamado Irritator, de 8 metros de comprimento, descoberto no Brasil. Seu nome quer dizer "aquele que irrita" e foi atribuído pelo esforço que os especialistas tiveram que fazer para recuperar os danos causados aos fósseis pelos seus descobridores leigos, cuja intenção era fazê-los parecer mais interessantes. Como se uma caveira com mais de 80 centímetros não fosse interessante o suficiente!

O CRETÁCEO NA ÁFRICA

Dinos do "deserto"

Na África viveram e vivem os maiores animais da Terra. Hoje são elefantes, rinocerontes, girafas e hipopótamos. No passado foram os dinossauros. Enquanto os gigantes desta época são mamíferos herbívoros de sangue quente, os de então eram répteis herbívoros e carnívoros, mas ainda não sabemos ao certo se tinham sangue frio ou quente. Eles se desenvolveram no continente africano graças ao clima favorável, que possibilitava a proliferação de plantas e de vários animais menores, que lhes serviam de alimento. Onde hoje existem extensas savanas e áridos desertos, no passado havia florestas e muitos rios.

SUCHOMIMO
Crocodino

No atual deserto de Teneré (Níger) viveu, há 110 milhões de anos, uma criatura com corpo de dinossauro e cabeça semelhante à de um crocodilo. Era o Suchomimo, um pescador gigante que gostava da saborosa carne branca dos peixes. Seu nome, que quer dizer "imitador de crocodilo", foi-lhe atribuído pelo formato singular de seu crânio. Tinha a mandíbula repleta de dentes pontiagudos, longos e curvados, ideais para agarrar peixes esguios e escorregadios, alguns deles com até 4 metros de comprimento! Suas patas dianteiras eram fortes e tinham grandes garras nos polegares que funcionavam como anzóis.

Como primos
O Suchomimo tinha 11 metros de comprimento. Era parecido com o europeu Barionix, tanto fisicamente como pelos hábitos alimentares.

RUGOPS
Como uma uva-passa

Este dinossauro africano recebeu um nome que significa "primeira face enrugada". Ele foi chamado assim porque se acredita que seu crânio tinha cristas e rugosidades, com um bico chato, de textura enrugada. Os dentes eram pontudos e curtos, sugerindo um comportamento mais de carniceiro do que de caçador. Até o ano 2000 foram encontrados parentes desse dino somente na América do Sul, na Índia e em Madagascar, mas nunca na parte continental da África. Por isso seu descobrimento foi de grande importância, pois revelou que esse continente se manteve unido aos demais até 95 milhões de anos atrás.

O Carcarodontossauro superava o peso do animal terrestre mais pesado da atualidade, o elefante africano, que pode chegar a 7,5 toneladas.

CARCARODONTOSSAURO
Um parente de peso

Um famoso carnívoro do norte da África é o Carcarodontossauro. Esse dino era parecido com o Tiranossauro e com o Giganotossauro, ainda que um pouco menor. O que não tinha de grande, porém, tinha de forte: de acordo com seu esqueleto, os estudiosos acreditam que era mais corpulento e pesado do que seus parentes das Américas do Norte e do Sul. Seu nome significa "lagarto dente de tubarão". Foi assim batizado porque seus dentes são enormes como os dentes do maior tubarão conhecido, o Megalodonte. Pesava 8 toneladas.

Diga-me de onde és...

Os dinossauros adquiriram características diferentes em cada continente, depois de atravessarem uma estreita passagem entre a África e a América do Sul.

OS DINOSSAUROS NÃO FORAM EXTINTOS!

Dinossauros "voadores"

Há dinossauros entre nós. Estão ao nosso redor. Há os pequenos e os grandes, os inofensivos e os selvagens. Alguns cantam muito bem, outros são exímios nadadores e muitos deles voam. Todos põem ovos, têm bico e são emplumados. Sim, as aves! Segundo uma teoria paleontológica, as aves descendem de alguns dinossauros, o que é o mesmo que dizer que as aves são dinossauros que aprenderam a voar. Mesmo que nem todos os estudiosos concordem com essa ideia, é cada vez maior o grupo dos que se deixam convencer pelos indícios.

Quase a maioria

As aves são um dos grupos de animais mais variados da Terra. Hoje são conhecidas cerca de 9.700 espécies de aves, que estão distribuídas em todos os lugares do mundo onde há possibilidade de vida.

"Arqueópterix", do grego, significa "pena antiga".

ARQUEÓPTERIX
O que corre e voa

É a ave fóssil mais antiga. Parecia uma galinha, mas tinha dentes e cauda óssea! Corria bem rápido, podia alcançar a velocidade de 6 metros por segundo. E foi assim que um dia levantou as patas do chão e decolou!

Parecidos como duas gotas de água

Há muitas semelhanças entre o esqueleto dos dinossauros e o das aves, o que mostra que estes simpáticos seres alados são muito parecidos com seus aterradores ancestrais. Os dinossauros terópodes deram origem a aves sofisticadas e modernas. Enquanto uns evoluíram como aves, outros continuaram sendo dinossauros não voadores e chegaram a ser famosos emplumados, como o Velocirraptor, o Deinonico e o Microraptor (de menos de 40 centímetros).

O elo perdido

O descobrimento do Arqueópterix trouxe uma prova valiosa à teoria da origem "dinossauriana" das aves modernas. Essa criatura compartilhava características tanto com os dinossauros como com as aves. Por um lado, tinha dentes, uma grande cauda óssea e três garras na ponta das asas. Por outro, tinha plumas, asas adaptadas para voar e o esterno parecido ao "ossinho da sorte" (fúrcula) das aves modernas.

O estudo dos restos fósseis das aves se chama paleornitologia.

As aves se salvaram

Talvez por seu menor tamanho ou por sua maior amplitude de gostos na hora de escolher o que comer, as aves sobreviveram à extinção em massa que matou todos os dinossauros não voadores. Outra possibilidade é terem sobrevivido por causa do sangue quente, o que tornava mais suportável a falta de sol e de calor.

Dinossauros "voadores"

Alguns cientistas afirmam que primeiro esses dinos aprenderam a planar, saltando de galho em galho e de árvore em árvore. Mas outros acreditam que o mais provável é que pequenos dinossauros tenham começado a voar dando uma corridinha e saltando ao mesmo tempo. Até este momento, não temos como saber com certeza. Mas é certo que não puderam voar até que a proporção entre a superfície das asas e o tamanho do corpo estivesse adequada. Por isso, os que não conseguiram atingir essas medidas, inclusive alguns "dinossauros atuais", simplesmente não voaram. Entre as aves de hoje, algumas voam muito pouco, como o galo e o pavão; outras correm, como a ema; e outras nadam, como o pinguim.

UNENLAGIA COMAHUENSIS
Metade ave, do norte da Patagônia. Foi um dinossauro terópode que viveu na Argentina há 90 milhões de anos. Não voava, mas dava grandes saltos. Batia as asas para se exibir para a parceira. Tinha cauda emplumada e garras afiadas nas patas. Media 2 metros de comprimento e 1,2 metro de altura.

Tinham mandíbulas com dentes superiores e inferiores.

Não usava os membros superiores nem para caminhar, nem para voar, mas, sim para atacar e segurar as presas. Porém, o movimento que realizava para capturá-las era parecido com o movimento de asas para voar.

NO QUE SE PARECEM?
Comparação entre um dino próximo das aves e uma águia:
- Ambos caminham usando apenas os dedos.
- Ambos têm penas e põem ovos.
- Ambos têm o sentido da visão muito desenvolvido e são excelentes caçadores.
- Seus esqueletos e os ossos que os compõem são muito parecidos.
- Ambos têm o mesmo "tatatatatataravô!"

Tem bico e não tem dentes.

Outros seres voadores da pré-história tinham estruturas anatômicas diferentes. Sua forma de voar era diferente e não comparável com a das aves.

GAVIÃO-REAL (HARPIA)

É uma ave de rapina de grande porte que habita as Américas, desde o México até o Chile, Brasil e Argentina. Seu bico, poderoso e pontiagudo, é adaptado para rasgar. As unhas, de 15 centímetros, são afiadas, ideais para agarrar. Pode chegar a medir 2,2 metros de envergadura e a pesar 7,5 quilos.

As proporções são diferentes: o corpo é menor e leve, enquanto as asas cresceram muito.

TUDO TEM UM FIM

A grande extinção

Os grandes dinossauros reinaram na Terra por 165 milhões de anos e foram os senhores de todos os continentes. Porém, em dado momento da história, a coroa dos "terríveis reis lagartos" enferrujou e seu trono foi ocupado por outros seres, que até então, haviam passado quase despercebidos: os mamíferos. E foi assim que os dinossauros não voadores deixaram de existir.

Com os grandes dinossauros, também desapareceram os répteis marinhos (como o Elasmossauro) e os répteis voadores (como o Pteranodonte).

Quanto durou a despedida?

Não há evidências suficientes que indiquem em quanto tempo se produziu a extinção dos grandes dinossauros. O que a ciência sabe é que o fim do seu domínio aconteceu 66 milhões de anos atrás e significou o fim da Era Mesozoica. Mesmo que os estudiosos não possam especificar se a queda durou poucos dias ou alguns milhares de anos, é certo que todo reinado tem um fim, por mais estável e poderoso que tenha sido em seu apogeu.

Adeus, dinos, adeus...

Há dezenas de teorias sobre a extinção dos grandes dinossauros. Algumas mais realistas e outras um pouco estranhas. A seguir apresentamos quatro teorias que, em algum momento da história, foram mais ou menos aceitas, mas que, com o tempo, foram descartadas, ou por falta de provas ou porque eram simplesmente ridículas. Mais adiante você encontrará a teoria mais aceita atualmente e da qual mais evidências foram obtidas. Mas, como você bem sabe, na ciência dos dinossauros nunca a última palavra foi dita...

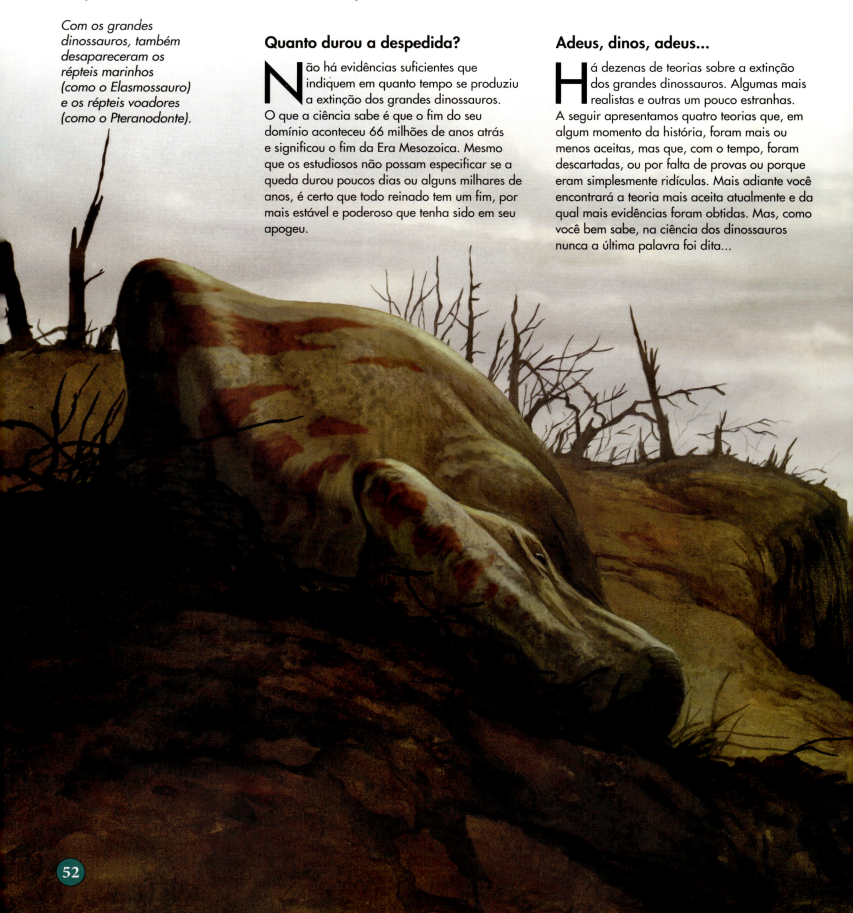

QUATRO IDEIAS QUE PERDERAM A VALIDADE

1 Os grandes dinossauros foram extintos porque comeram plantas venenosas.

Segundo essa versão, no Cretáceo, surgiram plantas com flores que envenenaram os dinos herbívoros. Ao morrer por indigestão, deixaram os parentes carnívoros sem alimento.

2 Os dinossauros foram extintos porque se autodestruíram.

Essa hipótese sugere que os carnívoros comeram todos os herbívoros e logo, simplesmente, morreram de fome!

3 Os dinos foram extintos quando a Lua surgiu.

Segundo essa crença, a Lua surgiu no fundo do oceano Pacífico no final do Cretáceo, e os danos causados pelo seu desprendimento provocaram uma desordem planetária fatal para alguns animais.

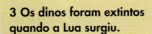

4 Os dinos foram extintos porque alguém comeu todos os seus ovos.

Os que sustentam essa ideia culpam um animal chamado Morganuconodonte e outros pequenos mamíferos comedores de ovos.

A MORTE VEIO DO CÉU?
A teoria do meteorito

O que aconteceu de verdade?
A verdadeira causa da extinção em massa ainda não pôde ser estabelecida com certeza porque o enorme tempo transcorrido dificulta muito as pesquisas. Entretanto, há muitos indícios e pistas, cientificamente demonstradas, que apoiam a ideia de que a extinção foi produzida a partir do impacto de um meteorito contra a Terra. A cratera deixada pelo meteorito ao cair sobre a superfície terrestre ainda pode ser vista no México.

A cratera que criou o impacto, de 180 quilômetros de diâmetro e 1.600 metros de profundidade, está localizada na península de Yucatán, México.

A extinção exterminou 75% das espécies que viviam naquele momento.

Sobreviventes
Sobreviveram os peixes, as aves, os mamíferos, os insetos, os moluscos e os répteis atuais (crocodilos, lagartos, cobras e tartarugas), mas nenhum animal terrestre que pesasse mais de 25 quilos continuou a viver.

Os cúmplices do meteorito

Em algumas rochas sedimentares da superfície terrestre há uma camada de um metal chamado irídio, cuja idade coincide com a data da extinção dos grandes dinossauros. Essa camada é encontrada no mundo inteiro, em rochas com a mesma idade da extinção. O irídio não é um elemento químico abundante na Terra, mas, sim, nos meteoritos. Além de chegar do espaço, o irídio pode se espalhar por meio de erupções vulcânicas. Por isso, acredita-se que a intensa atividade vulcânica que precedeu a extinção colaborou, debilitando os seres vivos com a contaminação ambiental e a diminuição da camada de Ozônio.

O que não mata...

Após o desaparecimento dos dinossauros não voadores, graças à falta de concorrência, surgiram novos gigantes entre os sobreviventes: os mamíferos, que se beneficiaram com a extinção dos grandes dinos.

Uma sequência desastrosa

Explicação dos acontecimentos que poderiam haver produzido a extinção em massa há 66 milhões de anos:

O METEORITO ASSASSINO

Há 66 milhões de anos um meteorito de cerca de 10 quilômetros de diâmetro impactou a Terra a uma velocidade de 30.000 quilômetros por hora. A explosão foi bilhões de vezes mais forte do que a de uma bomba atômica.

FOGO E ÁGUA

O choque produziu tsunamis que inundaram violentamente os continentes, enquanto as terras secas eram consumidas pelas chamas de devastadores incêndios. Além disso, aumentaram-se as tempestades com ventanias e os terremotos.

O SOL SE APAGOU

Foi gerado muito calor imediatamente após o impacto e depois muito frio, quando o sol foi bloqueado pelo pó. As nuvens de pó e gases tóxicos permaneceram vários meses em suspensão, cobrindo a luz solar.

O FIM DA VIDA

A falta de luz, a chuva ácida e o "inverno do impacto", que diminuiu a temperatura média em 10 graus Celsius, causaram a morte das plantas. Sem elas, faltou alimento para os herbívoros, assim como oxigênio no ar.

CATÁSTROFE INEVITÁVEL

Com a Terra arrasada, o frio extremo e a falta de alimento devido à morte dos animais herbívoros, os dinos carnívoros não tinham chance de sobreviver. Esse foi o fim, mas não para todos: as aves, descendentes dos dinossauros, são hoje as rainhas do ar.

DE QUAL DINO SÃO ESTES OSSOS?

Paleodetetives

Uma equipe de paleontólogos descobriu um sítio com fósseis de um dinossauro. Mas, em vez de revelar diretamente a qual espécie pertenciam os ossos, deixaram uma série de enigmas para que você mesmo descubra o nome do dino.

ENIGMA Nº 1

Quanto pesava o dino?

Decifrando esse enigma matemático você descobrirá o peso máximo que poderia alcançar um exemplar da sua espécie.

Deduza o peso do dinossauro a partir das três pistas dadas.

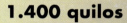 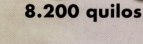

1.400 quilos   **9.200 quilos**   **8.200 quilos**

Com a sua inteligência e a informação que leu neste livro, você poderá descobrir de qual espécie de dino se trata.

ENIGMA Nº 2

Onde seus fósseis foram encontrados?

Se você resolver este enigma, saberá em qual lugar do mundo foram encontrados os fósseis do dino.

Descubra a frase escondida nas letras do desenho.

ENIGMA Nº 3:

Qual era seu comprimento?

A resposta desse enigma dirá quantos metros esse dino poderia alcançar.

Distribua os quatro sinais matemáticos de maneira que todas as operações tenham o mesmo resultado.

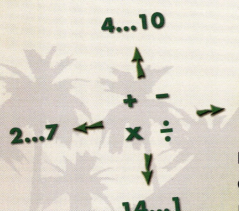

4...10
2...7
20...6
14...1
+ − × ÷

ENIGMA Nº 4:

Qual é o nome desse dino?

Este enigma duplo deixará você saber o nome do dinossauro.

Pista: Era um carnívoro de braços curtos.

Escreva em um papel a palavra correspondente a cada definição.

🔨	12 letras	Ave fóssil mais antiga encontrada até agora.
🦴	11 letras	Impressões fósseis deixadas no solo pelas patas ou pela cauda de um animal.
🌿	10 letras	Dino que adorava ovos.
🔍	4 letras	Parte da mão que o Barionix usava para pescar.
🦶	6 letras	Árvore atualmente extinta abundante no Cretáceo.
🗺️	7 letras	Um dos países onde foi encontrado o Espinossauro.
🔪	9 letras	Nome do primeiro período da Era Mesozoica.
🪶	1 letra	O pescoço do Deinonico tinha a forma de uma letra. Qual?
🖌️	3 letras	Segundo nome do Tiranossauro.

Agora escreva a inicial de cada palavra seguindo o código abaixo.

Soluções

Enigma 1: 8.000 quilos (8 toneladas).
Enigma 2: Sul da Argentina.
Enigma 3: 14 (4+10; 20−6; 14÷1; 2×7).
Enigma 4: Arqueopterix - Icnofósseis - Ovirraptor - Unha - Ginkgo - Nigéria - Triássico - S - Rex.
GIGANOTOSSAURO

VOCÊ SABE SOBRE OS DINOS?
Perguntas pré-históricas

Você está preparado para responder a estas perguntas? Vamos ver quanto você aprendeu sobre os terríveis dinossauros do Cretáceo!

Quando viveram os dinossauros?
a - Na Idade Média.
b - Na Era Mesozoica.
c - Há 450 milhões de anos.

Como os dinos nasciam?
a - Da barriga de suas mamães.
b - De ovos.
c - Chegavam voando em meteoritos.

Muitos grandes dinos carnívoros se alimentavam de seres humanos.
a - Verdadeiro.
b - Falso. Eram os seres humanos que se alimentavam dos dinos.
c - Falso. Os grandes dinos carnívoros foram extintos antes do aparecimento dos seres humanos.

Como era o clima da Terra quando os grandes dinossauros viveram?
a - Mais quente do que o atual.
b - Mais frio do que o atual.
c - Igual ao atual.

O Tiranossauro era o maior carnívoro.
a - Falso. O maior dino carnívoro era o Microraptor.
b - Falso. Os maiores foram o Giganotossauro e o Espinossauro.
c - Verdadeiro. E também era o mais veloz.

O que comia o Giganotossauro?
a - Plantas com flores.
b - Peixes.
c - Dinos herbívoros enormes como o Argentinos...

7 Onde foram encontrados os fósseis do Barionix?
a - Na Europa.
b - Na África.
c - Na América

8 O Velocirraptor era famoso por:
a - Correr rápido e possuir garras afiadas.
b - Roubar ovos de outros dinos.
c - Ter penas e poder voar.

9 Por que o Carnotauro ("touro carnívoro") foi chamado assim?
a - Porque comia touros.
b - Porque era do signo de Touro.
c - Porque tinha chifres.

10 Quais dinos foram encontrados no México?
a - *Chichenitsaurus* e *Tenochtiraptor*.
b - Labocania e Troodonte.
c - Labocania e Tanarizania.

11 As aves descendem dos:
a - dinossauros terópodes.
b - répteis voadores.
c - insetos gigantes.

12 O que causou a extinção dos grandes dinossauros?
a - O surgimento da Lua do fundo do oceano Pacífico.
b - O impacto de um meteorito gigante.
c - Um roedor faminto que comeu todos os ovos de dinos.

Um mundo repleto de dinossauros pode ser difícil de imaginar. Para ajudar você, fizemos este DINOSFÉRIO. Trata-se de um planisfério especialmente desenhado para você encontrar rapidamente os lugares onde viveu seu dino preferido. Na lista abaixo você pode ver o lugar exato e o ano em que foi encontrado pela primeira vez, com o nome de quem o identificou como uma nova espécie. Atreva-se a explorar esse mundo e a descobrir muito mais!

Abelissauro (pág. 45):
Onde: Río Negro, Argentina. Ano: 1985.
Nomeado por: Bonaparte e Novas, em 1985.

Acrocantossauro (pág. 42):
Onde: Oklahoma, Estados Unidos. Ano: 1940.
Nomeado por: Stavall e Lagston, em 1950.

Afrovenator (pág. 16):
Onde: Agadèz, Níger. Ano: 1993.
Nomeado por: Paul Sereno, em 1994.

Albertossauro (pág. 14):
Onde: Alberta, Canadá. Ano: 1884.
Nomeado por: Henry Osborn, em 1905.

Austroraptor (pág. 36):
Onde: Río Negro, Argentina. Ano: 2002.
Nomeado por: Fernando Novas, em 2008.

Barionix (pág. 22):
Onde: Surrey, Inglaterra. Ano: 1983.
Nomeado por: Charig e Milner, em 1987.

Carcarodontossauro (pág. 47):
Onde: Norte da África. Ano: 1927.
Nomeado por: Ernst Stromer, em 1931.

Carnotauro (pág. 32):
Onde: Chubut, Argentina. Ano: 1984.
Nomeado por: José Bonaparte, em 1985.

Deinonico (pág. 20):
Onde: Montana, Estados Unidos. Ano: 1931.
Nomeado por: John Ostrom, em 1969.

Espinossauro (pág. 30):
Onde: Egito. Ano: 1912.
Nomeado por: Ernst Stromer, em 1915.

Giganotossauro (pág. 18):
Onde: Neuquén, Argentina. Ano: 1993.
Nomeado por: Coria e Salgado, em 1995.

Megaraptor (pág. 28):
Onde: Neuquén, Argentina. Ano: 1996.
Nomeado por: Fernando Novas, em 1998.

Microraptor (pág. 38):
Onde: Liaoning, China. Ano: 2003.
Nomeado por: Xu Xing, em 2003.

Neovenator (pág. 34):
Onde: ilha de Wight, Inglaterra. Ano: 1978.
Nomeado por: Hutt, Martill e Barker, em 1996.

Ovirraptor (pág. 24):
Onde: Omnogov, Mongólia. Ano: 1924.
Nomeado por: Henry Osborn, em 1924.

Tiranossauro (pág. 12):
Onde: Montana, Estados Unidos. Ano: 1902.
Nomeado por: Henry Osborn, em 1905.

Troodonte (pág. 44):
Onde: Montana, Estados Unidos. Ano: 1855.
Nomeado por: Joseph Leidy, em 1856.

Velocirraptor (pág. 26):
Onde: Gobi, Mongólia, China. Ano: 1922.
Nomeado por: Henry Osborn, em 1924.

GLOSSÁRIO

Canibalismo: hábito de alimentar-se de membro da própria espécie.

Carniceiro: todo ser vivo que se alimenta de animais já mortos, seja por morte natural ou pela ação de outros caçadores.

Carnívoro: todo ser vivo que se alimenta da carne de outros animais.

Cica: grupo de plantas de tronco simples, lenhoso, coberto de cicatrizes. Suas folhas são de cor verde-escura na face superior e mais claras na face inferior. Foram encontrados restos dessa espécie de mais de 250 milhões de anos.

Conífera: planta que desenvolve suas sementes em estruturas chamadas pinhas.

Cretáceo: terceiro e último período em que se divide a Era Mesozoica. Transcorreu de 145 até 66 milhões de anos atrás. Seu final foi marcado pela grande extinção, que exterminou os grandes dinossauros.

Era: etapa da história da Terra. O tempo de existência da Terra foi dividido em quatro éons, cada um dos quais é subdividido em eras, e estas em períodos.

Espinossaurídeo: tipo de dinossauros terópodes que tinham espinhos nas costas e um crânio grande, similar ao dos crocodilos. Viveram no Período Cretáceo Médio, há 110 milhões de anos.

Extinção: desaparecimento de uma espécie. Quando um grande percentual de espécies desaparece ao mesmo tempo é chamada de "extinção em massa".

Fóssil: resto orgânico encontrado na crosta terrestre mais ou menos petrificado por causas naturais.

Geólogo(a): pessoa que estuda a Terra, incluindo sua parte interna, sua formação e as mudanças sofridas pela paisagem, e os seres vivos que nela habitam.

Ginkgo: árvore abundante no Período Cretáceo e que, hoje, encontra-se quase extinta. Atualmente existe apenas uma espécie dessa árvore, a *Ginkgo biloba*.

Herbívoro: todo ser vivo que se alimenta exclusivamente de plantas.

Mamífero: vertebrado que pode regular a temperatura do corpo e tem pelos. A fêmea possui glândulas mamárias que produzem leite para alimentar os filhotes.

Manada: grupo de animais da mesma espécie que habitam um mesmo espaço e deslocam-se juntos.

Molusco: animal invertebrado de corpo mole que possui simetria bilateral e que, geralmente, está coberto por uma concha protetora.

Onívoro: animal com sistema digestivo desenvolvido para ingerir e digerir diferentes tipos de alimento, como carnes, vegetais, ovos etc.

Ornitísquio: uma das grandes ordens em que se dividem os dinossauros. Todos os que integram este grupo são herbívoros e têm o osso do púbis apontando para baixo e para trás.

Paleontólogo(a): pessoa que estuda o passado da Terra. Segundo a especialidade, pode se dedicar a estudar a vida dos animais e das plantas extintas ou o clima e a geografia física do passado.

Púbis: um dos três ossos que compõem a cintura de um dinossauro.

Radioatividade: fenômeno físico pelo qual substâncias emitem radiações que, entre outras coisas, podem produzir fluorescência, atravessar corpos opacos e imprimir filmes fotográficos. É utilizada na indústria, na medicina e na obtenção de energia.

Réplica: cópia exata de um fóssil. Pode ser feita com diversos materiais, como gesso ou resina.

Saurísquios: uma das grandes ordens em que se dividem os dinossauros. Esse grupo, integrado tanto por herbívoros como por carnívoros, se caracteriza por ter o osso do púbis apontando para baixo e para a frente.

Sítio paleontológico: lugar onde são encontrados restos fósseis.

Terópode: Dinossauros carnívoros bípedes, desde pequenos caçadores de 1 metro até grandes predadores de 15 metros de comprimento.

SUMÁRIO

Os restos fósseis 4-5
Em busca do dinossauro perdido

Como foi a Era Mesozoica 6-7
Como e quando os dinos viveram?

O Período Cretáceo 8-9
Um período superpopuloso!

Os seres vivos do Cretáceo 10-11
Vizinhos no ar, na água e na terra

Tiranossauro 12-13
Famoso e perigoso!

Albertossauro 14-15
O Tio Alberto

Afrovenator 16-17
O terror da África

Giganotossauro 18-19
O maior do mundo?

Deinonico 20-21
Campeão peso-pena

Barionix 22-23
Um dinossauro pescador

Ovirraptor 24-25
Culpado ou inocente?

Velocirraptor 26-27
Veloz e furioso!

Megaraptor 28-29
O "dino Krueger"!

Espinossauro 30-31
O faraó dos dinos

Carnotauro 32-33
Um dino com chifres!

Neovenator 34-35
Um ilhéu perigoso

Austroraptor 36-37
O estranho de braços curtos

Microraptor 38-39
Um dinossauro e quatro asas

Dinomenu 40-41
Que comiam os dinossauros carnívoros?

Dinos americanos 42-43
O Cretáceo na América

Mais dinos americanos 44-45
O Cretáceo na América

Dinos do "deserto" 46-47
O Cretáceo na África

Dinossauros "voadores" 48-49
Os dinossauros não foram extintos!

Dinossauros "voadores" 50-51
Três, dois, um... aí vou eu!

A grande extinção 52-53
Tudo tem um fim

A teoria do meteorito 54-55
A morte veio do céu?

Paleodetetives 56-57
De qual dino são estes ossos?

Perguntas pré-históricas 58-59
Quanto você sabe sobre os dinos?

Dinosférío 60-61
Quando e onde

Glossário 62-63